Naturwissenschaftliche Experimente

1./2. Jahrgangsstufe

Tricia Dearborn

Auer Verlag GmbH

Einführung

Den besten Einblick in die Welt der Naturwissenschaften bekommt man durch eigenes Forschen und Ausprobieren; und weil man nicht einfach losgehen kann, um selbst herauszufinden, dass die Erde zwei Magnetpole besitzt, kann man stattdessen in einem Versuch mit einem Magneten, einem Blatt Papier und Eisenspänen die Eigenschaften magnetischer Felder beobachten.

Die Reihe „Start-Klar – Naturwissenschaftliche Experimente" ist eine Sammlung praktischer Experimente für die Klassen 1–6 aus diversen Themenfeldern der Naturwissenschaften. Hieraus können Sie immer etwas Passendes auswählen, wenn Sie als Ergänzung zu einem speziellen Unterrichtsthema eine praxisorientierte Übung suchen, die wenig Vorbereitungszeit benötigt. Alle Versuche aus diesem Buch können die Kinder unter Aufsicht selbstständig durchführen. Dabei geht es nicht nur um die Vermittlung von Fakten und naturwissenschaftlichen Prinzipien, sondern auch darum, sie mit einer Reihe wichtiger naturwissenschaftlicher Vorgehensweisen vertraut zu machen - sie lernen Hypothesen aufzustellen, diese zu überprüfen, Ergebnisse zu sammeln, genau zu beobachten und Erklärungen für naturwissenschaftliche Phänomene zu finden.

Es ist wichtig, den Kindern einerseits zu erklären, warum beispielsweise ein Apfel auf den Boden fällt, andererseits aber auch ihr naturwissenschaftliches Vorstellungsvermögen und ihre Fantasie anzuregen. (Auf den Seiten 10 und 11 finden Sie klare Hinweise und Hintergrundinformationen zu den jeweiligen Experimenten auf den Kopiervorlagen.)
Hat ein Kind erst einmal das Prinzip wissenschaftlichen Denkens kennen gelernt und dabei die Faszination immer neuer Überraschungen in der Natur erlebt, kann es überall zum Forscher werden - und die Welt zu seinem Labor!

Hinweis: Die Experimente und Übungen in diesem Buch sind ungefährlich, wenn sie genau nach Vorgabe durchgeführt werden. Dennoch können Autor und Verlag keine Verantwortung für evtl. auftretende Schäden übernehmen. Die Schülerinnen und Schüler sollten alle Experimente unter sorgfältiger Aufsicht durchführen.

Gedruckt auf umweltbewusst gefertigtem, chlorfrei gebleichtem und alterungsbeständigem Papier.

2. Auflage. 2006

Gesamtherstellung: Ludwig Auer GmbH, Donauwörth
ISBN 978-3-403-03841-2

www.auer-verlag.de

INHALT

ZUM UMGANG MIT DIESEM BUCH

INFOS FÜR LEHRERINNEN UND LEHRER

Hier erfahren Sie, wie dieses Buch optimal eingesetzt werden kann. Der Abschnitt enthält Ideen für die Klassenorganisation, nützliche Hintergrundinformationen, eine praktische Liste der benötigten Grundmaterialien, Beurteilungshilfen für die Lernfortschritte der Kinder, Vorschläge zur Einbindung der Eltern sowie kurze Erläuterungen der einzelnen Kopiervorlagen.

SCHNELL-STARTER

Diese Übungen sind besonders dafür geeignet, am Anfang einer Unterrichtsstunde die Aufmerksamkeit der Kinder zu wecken. Die Übungen sind jederzeit und in beliebiger Reihenfolge einsetzbar und benötigen wenige oder gar keine Vorbereitungen. Sie finden hier für jeden Themenschwerpunkt eine Schnell-Starter-Seite.

MATERIALIEN FÜR DIE INDIVIDUELLE PLANUNG

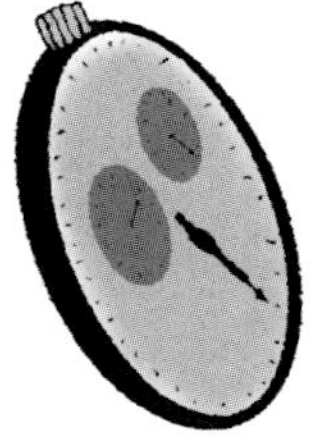

Dieser Abschnitt enthält 24 Kopiervorlagen zu folgenden Themenschwerpunkten: Die Welt der Physik; Lebewesen; Stoffe und ihre Eigenschaften; Erde und Weltraum. Des Weiteren finden Sie hier drei Kopiervorlagen zu dem Thema „Wissenschaftlich arbeiten", mit einer Blanko-Kopiervorlage zur Durchführung eigener Experimente und einer Liste der Sicherheitsregeln im Klassenzimmer. Die Kopiervorlagen können in beliebiger Reihenfolge eingesetzt und als ergänzendes Material in bereits bestehende Unterrichtseinheiten eingefügt werden. Auf den Seiten 10 und 11 finden Sie klare Hintergrundinformationen, praktische Tipps und Erklärungen zu den naturwissenschaftlichen Phänomenen, die den einzelnen Experimenten zugrunde liegen.

SCHRITT FÜR SCHRITT

Der letzte Teil des Buches enthält Aufgabenkarten, mit denen die Kinder eigene Experimente durchführen können. Jede Aufgabenkarte enthält die Fragestellung des Experiments, eine Liste der benötigten Materialien, Ratschläge zur Vorgehensweise und Vorschläge für die Präsentation der Ergebnisse. Die Kinder können anhand einer Checkliste die Durchführung des Experiments selbst kontrollieren und werden gegebenenfalls auf obligatorische Sicherheitsvorkehrungen aufmerksam gemacht. Sind die Kinder mit dieser Vorgehensweise bei naturwissenschaftlichen Experimenten vertraut, können sie bald eigene Fragestellungen entwickeln. Die Aufgabenkarten können einzeln, zu zweit oder in kleinen Gruppen bearbeitet werden. Sie können jederzeit im Rahmen eines offenen Unterrichts als Wahlpflichtaufgaben verwendet werden. Die Aufgabenkarten eignen sich auch ideal für die Vorführung von naturwissenschaftlichen Experimenten an Projekttagen oder Schulfesten.

INFOS FÜR
LEHRERINNEN
UND LEHRER

Warum naturwissenschaftliche Experimente an der Schule?

Durch naturwissenschaftliche Experimente entdecken Kinder nicht nur, wie die Welt um sie herum funktioniert, sie werden auch nach und nach mit der wissenschaftlichen Denkweise vertraut gemacht: Sie lernen Fragestellungen zu formulieren, Hypothesen aufzustellen, Vorgehensweisen zur Überprüfung dieser Hypothesen zu entwickeln, Ergebnisse zu sammeln und Schlussfolgerungen zu ziehen.

Handelndes Lernen ist hier ein unumgängliches Prinzip, denn durch praxisbezogene Experimente werden wesentlich bessere Lernerfolge erzielt als durch das Auswendiglernen von wissenschaftlichen Fakten. Wenn die Kinder selbst einen Regenbogen herstellen – und dabei mit ihren eigenen Augen sehen, wie das Licht, das sie durch ein Glas Wasser schicken, in vielen verschiedenen Farben auf der Wand landet – werden sie sich viel besser merken können, dass „weißes" Licht alle Farben des Regenbogens enthält. Zusätzlich werden durch diese Experimente weitere, wichtige Fähigkeiten vermittelt, wie aufmerksames Beobachten, Teamwork, sorgfältig mit den Materialien umzugehen und Sicherheitsregeln zu beachten.

Der Unterricht weckt die Neugierde der Kinder und fördert ihre Freude und Wertschätzung an der Welt, in der sie leben. Und – last not least – naturwissenschaftliche Experimente machen Spaß!

Die wissenschaftliche Denkweise fördern

Am Ende der meisten Experimente werden die Kinder auf den Kopiervorlagen dazu aufgefordert, Erklärungen für ihre Untersuchungen zu finden. Kinder dazu anzuregen, sich mögliche Erklärungen für ein bestimmtes Phänomen zu überlegen, ist von besonderer Wichtigkeit – es fördert ihre Anteilnahme und das kritische und investigative Denken. Zudem ist dies ein erster Schritt zum Aufstellen von Hypothesen, also noch unbewiesenen Annahmen, die dann untersucht werden. Ermutigen Sie Ihre Schülerinnen und Schüler, eigene Wege zu finden, wie sie ihre Erklärungen überprüfen können. Erst nachdem die Klasse Vorschläge gemacht hat, sollten Sie das naturwissenschaftliche Prinzip, das dem Experiment zugrunde liegt, erklären. Klare Hintergrundinformationen zu den einzelnen Kopiervorlagen finden Sie auf den Seiten 10–11.

Wenn ein Schüler oder eine Schülerin zu einem völlig anderen Ergebnis gelangt, sollte er oder sie das Experiment wiederholen. Vielleicht ist es sinnvoll, dabei eine Mitschülerin oder einen Mitschüler Hilfestellung leisten zu lassen.

Eigene Experimente durchführen

Die **KV 25** ist eine Blanko-Kopiervorlage, mit welcher die Kinder ihre eigenen Experimente entwickeln und durchführen können. Regen Sie Ihre Schülerinnen und Schüler zunächst dazu an, eine Fragestellung zu formulieren (zum Beispiel: Verdunstet Wasser schneller im Schatten oder in der Sonne?). Danach sollte eine Hypothese aufgestellt werden (zum Beispiel: „Ich glaube, dass das Wasser schneller in der Sonne verdunstet, weil es dort wärmer ist."). Nun müssen die Kinder entscheiden, wie sie ihre Hypothese belegen wollen und welche Materialien sie dafür benötigen. In dem genannten Beispiel benötigen sie lediglich zwei Schalen mit Wasser und einen sonnigen Tag.

Die Kinder müssen ebenfalls entscheiden, nach welchen Kriterien sie untersuchen und wie sie ihre Ergebnisse festhalten wollen. Auf der **KV 26** können die gesammelten Daten eingetragen werden. Ergebnisse können in Form einer Tabelle, eines Diagramms oder einer kurzen, schriftlichen Verlaufsbeschreibung präsentiert werden. Die gewonnenen Ergebnisse sollten sorgfältig nachbereitet werden. War die aufgestellte Hypothese korrekt? Wie können die Ergebnisse erklärt werden? Welche Schlussfolgerung kann man daraus ziehen?

Hin und wieder werden die Kinder ihre Ergebnisse unlogisch oder wenig überzeugend finden. Reden Sie mit ihnen über mögliche Gründe. Ist es vielleicht sinnvoll, das Experiment zu wiederholen? Wie kann man den Versuchsaufbau verändern, um zu anderen Ergebnissen zu kommen?

Allgemeines

Die naturwissenschaftlichen Experimente können einzeln, zu zweit oder in kleinen Gruppen bearbeitet werden. Einige Experimente müssen im Freien, andere im Klassenzimmer durchgeführt werden.

Die Kinder sollten die bearbeiteten Arbeitsblätter in einer Mappe sammeln. So können sowohl Sie als auch die Kinder selbst ihre Fortschritte im Verlauf eines Schuljahres verfolgen.

Sicherheit im Klassenzimmer

Es ist wichtig, mit den Kindern über grundlegende Sicherheitsregeln zu sprechen, bevor sie die Experimente durchführen. Die **KV 27** beinhaltet eine Liste der wichtigsten Sicherheitsregeln, die Sie fotokopieren und gut sichtbar im Klassenzimmer aufhängen können. Fordern Sie die Kinder dazu auf, sich zusätzlich eigene Sicherheitsregeln zu überlegen, die dann in die Liste aufgenommen werden.

Bei manchen Experimenten sollen einige unschädliche Materialien geschmeckt werden. Machen Sie den Kindern unmissverständlich klar, dass sie bei naturwissenschaftlichen Experimenten NIEMALS etwas schmecken dürfen, wenn Sie es nicht vorher ausdrücklich erlaubt haben.

Die naturwissenschaftliche Lernecke

Um eine naturwissenschaftliche Lernecke einzurichten, ist gar nicht so viel Aufwand nötig. Ein Tisch in einer bestimmten Ecke des Klassenzimmers ist als Arbeitsplatz völlig ausreichend.

Schmücken Sie die Lernecke beispielsweise mit Postern von berühmten Forscherinnen und Forschern. Es ist nicht notwendig, alle Materialien und Ausrüstungsgegenstände immer in der Lernecke aufzubewahren; teilen Sie lediglich die Materialien aus, die gerade gebraucht werden. In der Nähe der Lernecke brauchen Sie noch einen Mülleimer, Wasser, Papiertücher oder Wischlappen und einen Eimer, um Flüssigkeiten darin aufzufangen. Entscheiden Sie selbst, welches Experiment Sie in Einzel-, Partner- oder Gruppenarbeit durchführen lassen wollen. Besprechen Sie zunächst den Aufbau des Experiments mit der ganzen Klasse und gehen Sie auf Fragen und Schwierigkeiten ein. Wenn Sie die benötigten Materialien austeilen, sollten die Kinder mit den Arbeitsblättern in die Lernecke kommen und das ausgehändigte Material darauf abhaken. Achten Sie darauf, dass die Kinder die einzelnen Arbeitsschritte befolgen, ihre Beobachtungen notieren und die Sicherheitsregeln beachten. Erklären Sie ihnen, dass es wichtig ist, ihren Arbeitsplatz hinterher wieder aufzuräumen und die Lernecke so zu verlassen, wie sie vorgefunden wurde.

Projekttage

Die meisten Experimente in diesem Buch sind auch dazu geeignet, im Rahmen eines Projekttages vorgeführt zu werden. Laden Sie dazu andere Klassen und die Eltern der Kinder ein. An dem Projekttag können die Experimente dann präsentiert oder so aufgebaut werden, dass sich die Gäste aktiv an der Durchführung beteiligen können. Ermutigen Sie die Kinder verschiedene Medien (wie z. B. Audio- und Videopräsentationen oder Hintergrundmusik) einzusetzen. Achten Sie aber darauf, dass die zusätzlichen Medien wirklich zur Unterstützung und Verdeutlichung der Präsentation geeignet sind - manchmal ist weniger auch mehr!

Machen Sie an dem Projekttag reichlich Fotos von den kleinen Wissenschaftlern - vielleicht findet sich auch ein Freiwilliger unter den Eltern, der das für Sie übernehmen kann. Die Fotos können später auf einer Stellwand präsentiert werden - die Kinder werden ihre Freude daran haben!

Der Experimente-Schrank

Nebenstehend finden Sie Listen der Materialien und Ausrüstungsgegenstände für den Experimente-Schrank. Die mit einem Stern (*) gekennzeichneten Gegenstände werden nicht für Experimente in diesem Buch benötigt - es kann aber immer wieder nützlich sein, sie zur Hand zu haben. Die meisten der aufgeführten Gegenstände sind entweder Haushaltsartikel oder Sie finden sie in Bastelläden bzw. Baumärkten.
Achten Sie darauf, dass der Experimente-Schrank abschließbar ist und auch stets abgeschlossen ist, wenn Sie gefährliche Gegenstände darin aufbewahren.

Materialien

Aluminiumfolie *
Bindfaden
Bodenbeläge (Linoleum, Teppichstücke, Fußmatte, Laminat)
Eierschachteln
Eierschalen
Eisenspäne
Essig
festes Klebeband
Gummibänder
Holzstöcke
Kosmetiktuchspender (leer)
Lebensmittelfarbe (rot und blau)
Papiertücher
Magermilchpulver
schwarzes Packpapier
Plastikfolie (schwarz und weiß)
Plastikstrohhalme *
Plastilin *
Salz
Sand
Weizenmehl
Zucker

Für einige Experimente benötigen Sie einzelne Extra-Materialien - wie beispielsweise Zitronen für den Schnell-Starter „Elektronische Zitronen" oder die Topfpflanzen im Experiment auf der KV 9.

Ausrüstung

Augenbinden
Büroklammern
Eimer
Form für Eiswürfel
Glasbehälter (teilweise mit Deckel)
Kupferdraht (isoliert)
Löffel (Klassensatz)
Luftballons
Lupen
Magnete
Nadeln
Pipetten
Plastikbecher (durchsichtig)
Schüsseln (verschiedene Größen)
Stoppuhr *
Streichhölzer
Taschenlampen
Thermometer (Klassensatz)
Trichter *

Umgang mit Materialien und Ausrüstung

Einige grundlegende Tipps:

- Bewahren Sie trockene Materialien (wie Mehl, Zucker etc.) in luftdicht verschlossenen Behältern auf.
- Wiegen Sie trockene Materialien mit sauberen Geräten ab, damit sie nicht verunreinigt werden.
- Die Ausrüstungsgegenstände sollten nach jedem Gebrauch gereinigt und an ihren Platz zurückgestellt werden.
- Benutzen Sie keine Quecksilberthermometer. Quecksilber ist hochgiftig!

Tipps zum Einsatz elektronischer Medien

Naturwissenschaftliche Lern-Software kann auf verschiedenste Art in den Unterricht eingebunden werden. Mittlerweile ist eine riesige Auswahl an Software und CD-ROM-Enzyklopädien, die jedem Anspruch und jeder Altersstufe gerecht werden, auf dem Markt erhältlich. Einen guten Überblick über geeignete Software für Kinder geben der jährlich in aktualisierter Auflage erscheinende „Kinder-Software-Ratgeber" (Markt und Technik) oder die Internet-Seite *www.lernsoftware.de*. Computerprogramme für die Primarstufe können bei der Präsentation von Experimenten genutzt werden.

Im Internet können bestimmte naturwissenschaftliche Themen, Erfindungen, Entdeckungen oder berühmte Wissenschaftlerinnen und Wissenschaftler recherchiert werden. Bei größer angelegten Präsentationen, zum Beispiel im Rahmen eines Projekttages, sollten die Kinder mit dem Einsatz verschiedener Medien vertraut werden. Dafür bieten sich Audio- oder Videopräsentationen, Hintergrundmusik auf CD oder die Anfertigung von Handouts mit dem Computer an.

Kriterien zur Beurteilung von Fortschritten der Kinder

Um die Fortschritte der Kinder zu beurteilen, können folgende Punkte in Betracht gezogen werden:

- Verständnis von grundlegenden naturwissenschaftlichen Prinzipien
- Umgang mit Ausrüstung und Materialien
- aufmerksames Beobachten
- Fähigkeit, Schlussfolgerungen aus den Ergebnissen des Experiments zu ziehen

Bewerten Sie bei der Durchführung eines Experiments nicht, ob die Kinder das richtige Ergebnis erzielen, sondern wie sie dabei vorgehen. Sie können folgende Kriterien beurteilen:

- Beteiligen sich die Schülerinnen und Schüler an der Besprechung des Experiments?
- Führen sie das Experiment sorgfältig und unter Beachtung der Sicherheitsregeln durch?
- Wie arbeiten sie innerhalb eines Teams?
- Machen sie sich im Verlauf des Experiments Aufzeichnungen?
- Wie präsentieren sie die Ergebnisse?
- Können sie aus den Ergebnissen Schlussfolgerungen ziehen und diese begründen?

Wenn die Kinder sich eigene Experimente ausdenken, können sie nach ihrer Fähigkeit, klare Fragestellungen als Ausgangspunkt zu formulieren, beurteilt werden. Zur Dokumentation des Fortschritts können Sie bearbeitete Kopien einsammeln. Um die Kinder zu ermutigen, ihre Fähigkeiten und Leistungen zu überprüfen und selbst einzuschätzen, könnten Sie ihnen die Entscheidung überlassen, welche Kopien sie abgeben.

Einbindung der Eltern

Ideal wäre natürlich, wenn sich unter den Eltern ein Wissenschaftler befindet, der sich bereiterklärt, der Klasse von seiner Arbeit zu erzählen. Für die Kinder wäre besonders interessant zu erfahren, wie er damit begonnen hat, sich für die Naturwissenschaften zu begeistern. Wenn möglich, könnte der „Gastwissenschaftler" auch eigene Experimente mit der Klasse durchführen.

Eltern können aber auch einen ganz praktischen Beitrag leisten und so in den Unterricht mit einbezogen werden. Sie könnten beispielsweise helfen, die benötigten Materialien zu beschaffen oder vorzubereiten. Geben Sie den Eltern die Möglichkeit, den naturwissenschaftlichen Unterricht in Aktion zu erleben - Projekttage sind dafür die beste Gelegenheit (siehe Seite 7). Auch können Eltern die Klasse bei Exkursionen in Schutzgebiete, botanische Gärten, Museen oder zu Wildgehegen begleiten.

Fordern Sie die Kinder dazu auf, die Arbeitsblätter mit den Experimenten zu Hause ihren Eltern zu zeigen. Einige der Experimente (beispielsweise Wetterbeobachtungen, Bestimmungen von Pflanzen oder Insekten usw.) können auch zu Hause durchgeführt werden. Geben Sie den Kindern Materialien mit, die eine naturwissenschaftliche Diskussion mit den Eltern anregen können.

Achten Sie auch auf interessante und altersangemessene wissenschaftliche Fernsehsendungen, die die Kinder sowohl zu Hause mit den Eltern als auch später in der Klasse besprechen können.

Erklärungen zu den Kopiervorlagen

KV 1 Mache deinen eigenen Regenbogen! „Weißes" Licht enthält alle Farben des Regenbogens. Fällt es schräg durch das Wasser in dem Glas, werden die Lichtstrahlen gebrochen. Die einzelnen Farben werden in unterschiedlichen Winkeln gebrochen, so dass sie an verschiedenen Stellen auf das Blatt Papier treffen. Dasselbe passiert beim Sonnenlicht, wenn es durch die Regentropfen fällt und ein Regenbogen zu sehen ist.

KV 2 Die Farben des Sonnenuntergangs „Weißes" Licht enthält alle Farben des Regenbogens. Die Milchpartikel filtern einige Farben aus, so dass nur rotes und orangenes Licht auf die Wand fällt. Bei einem Sonnenuntergang filtern Staub und Rußpartikel das Sonnenlicht, weshalb der Himmel rot und orange erscheint.

KV 3 Die große Schmelze Die schwarze Plastikfolie erscheint schwarz, weil sie alle Farben des „weißen" Lichts *absorbiert*. Die Lichtenergie wird in Wärme umgewandelt, die den Eiswürfel schmelzen lässt. Die weiße Plastikfolie erscheint weiß, weil sie alle Farben des „weißen" Lichts *reflektiert*. Sie absorbiert viel weniger Lichtenergie, so dass der Eiswürfel, der in die weiße Folie gewickelt ist, langsamer schmilzt.

KV 4 Der Gummiband-Rock Sollten die Kosmetiktuchspender noch Plastikfolie in der Öffnung haben, ist es besser, diese zu entfernen, bevor sie an die Kinder verteilt werden. Die Gummibänder sollten nicht zu dünn sein. Der Ton entsteht durch die Schwingung der Gummibänder. (Alle Töne entstehen durch Schwingung). Die Holzstöcke heben die Gummibänder an, damit diese besser schwingen können. Der Spender funktioniert wie der Klangkörper einer Gitarre und verstärkt den Klang.

KV 5 Erstaunliche Magnete Die besten Ergebnisse erzielen Sie bei diesem Experiment, wenn Sie die stärksten Magnete benutzen, die Ihnen zur Verfügung stehen. Die Schüssel sollte quadratisch oder rechteckig sein und einen durchsichtigen Boden haben. Die Eisenspäne werden magnetisiert und ordnen sich im *Magnetfeld* zu einem Muster an. Das Magnetfeld ist der Bereich, in dem die Kräfte des Magneten wirken.

KV 6 Luftballon-Olympiade Hier einige Ideen für den Luftballon-Antrieb: Nicht aufgeblasene Luftballons können geworfen, getreten oder wie eine Schleuder abgeschossen werden; gegen aufgeblasene Luftballons kann geschlagen oder geblasen werden; sie können aber auch, wenn sie nicht zugeknotet sind, einfach losgelassen und von der Luft angetrieben werden.

KV 7 Ist es lebendig? Lebewesen brauchen Nahrung. Sie wachsen, pflanzen sich fort und können sich meist fortbewegen. Woran können die Kinder festmachen, ob eine Pflanze ein Lebewesen ist? (Sie wächst und braucht Nährstoffe aus der Erde. Manche Pflanzen können sich sogar bewegen, z. B. zur Sonne hin.) Was ist mit einem Fluss, der sich bewegt und nach einem Regenguss anwächst?

KV 8 Der durstige Stangensellerie Hält man ein schmales Rohr senkrecht ins Wasser, steigt das Wasser im Rohr hoch, weil es von den Innenseiten des Rohrs angezogen wird. Dies nennt man Kapillarwirkung. Der Stängel einer Pflanze enthält viele schmale Leitgefäße. Das Wasser, das von den Wurzeln aufgenommen wird, steigt durch die Leitgefäße im Stängel der Pflanze hoch. Das gefärbte Wasser steigt durch die Leitgefäße im Stängel hoch und verfärbt die Blätter des Stangenselleries.

KV 9 Ein Platz an der Sonne Beide Pflanzen haben dieselbe Erde, dieselben Nährstoffe und ausreichend Wasser. Der einzige Unterschied besteht darin, dass die eine Pflanze Sonnenlicht bekommt und die andere nicht. Für die Ergebnisse des Experiments muss also der Faktor entscheidend sein, der die beiden Pflanzen voneinander unterscheidet; in diesem Fall die unterschiedliche Menge Sonnenlicht, die beide Pflanzen erhalten.

KV 10 Brauchen Samen Wasser zum Auskeimen? Die Samen in dem Behälter, dem Wasser zugefügt wird, keimen - es sprießen also kleine Keime und Wurzeln. Samen brauchen Wasser zum Keimen; ohne Wasser keimen sie normalerweise nicht aus.

KV 11 Ist es ein Insekt? Insekten haben einen dreigeteilten Rumpf und sechs Beine. Oft haben sie auch zwei Flügelpaare. Spinnentiere haben einen zweigeteilten Rumpf und acht Beine.

KV 12 Ameisen-Picknick Für dieses Experiment eignen sich beispielsweise Früchte, Fleisch, Zucker, Mehl, Honig oder Salat. Achten Sie darauf, dass die Kinder nicht zu nah an den Ameisenhaufen herangehen. Die Ameisen werden in der Regel zucker- und fettreiche Nahrung zum Verzehr in die Kolonie transportieren. Sollte die Königin gerade Eier legen, werden die Ameisen zusätzlich eiweißhaltige Nahrung auswählen.

KV 13 Sprudelnde Steine Lassen Sie die Kinder interessant aussehende Steine auf dem Spielplatz oder Schulhof einsammeln. Wenn die Steine sprudeln, enthalten sie wahrscheinlich Kalkstein. Kalkstein ist ein Kalziumkarbonat, das mit dem Essig (einer schwachen Säure) reagiert und als Kohlendioxid in Form von Bläschen an die Oberfläche steigt. Auch Eierschalen enthalten Kalziumkarbonat.

KV 14 Der Geschmackstest Viel von dem, was wir der Leistung unseres Geschmackssinns zurechnen, ist in Wirklichkeit die unseres Geruchssinns. Die Zunge kann nur süße, salzige, saure (wie z. B. eine Zitrone) und bittere (wie z. B. eine Pampelmuse) Geschmacksrichtungen wahrnehmen. Komplexere Geschmacksrichtungen werden von der Nase wahrgenommen. Da die Konsistenzen von Apfel, Kartoffel und Birne sehr ähnlich sind, können sie mit zugehaltener Nase geschmacklich schwer unterschieden werden.

KV 15 Saugt es Wasser auf? Stellen Sie verschiedene Wasser abweisende (z. B. Plastikfolie, Backpapier) und saugfähige (z. B. Küchentücher, Baumwolle) Materialien zur Verfügung. Diskutieren Sie nach dem Experiment mit der Klasse darüber, wo die Eigenschaft eines Materials, Wasser zu absorbieren, im Alltag wichtig ist. Fragen Sie beispielsweise, was passieren würde, wenn Taschentücher aus Plastikfolie wären oder Regenjacken aus Baumwolle.

KV 16 Wachsende Kristalle Beaufsichtigen Sie die Kinder einzeln beim Einrühren des Zuckers in das heiße Wasser. Schärfen Sie der Klasse ein, dass sie bei einem naturwissenschaftlichen Experiment NIEMALS etwas probieren dürfen, es sei denn, die Lehrerin oder der Lehrer hat es vorher ausdrücklich erlaubt. Der Zucker löst sich im heißen Wasser auf und ist nicht mehr sichtbar. Die Kinder können nachprüfen, dass der Zucker im Wasser ist, indem sie das abgekühlte Wasser probieren. Wenn das Wasser verdunstet, bleibt der Zucker übrig.

KV 17 Regen machen Das Wasser im Behälter verdunstet – es wird also zu gasförmigem Wasserdampf. Trifft der Wasserdampf auf die Unterseite des Deckels, kondensiert er und wird wieder zu flüssigem Wasser. Sammelt sich so genug Wasser an dem Deckel, tropft es zurück in den Behälter. Verdunstung, Kondensation und Schmelze sind Beispiele für reversible Umwandlungen. Das Wasser ändert lediglich seinen Aggregatzustand (z.B. von flüssig zu gasförmig oder von fest zu flüssig).

KV 18 Öl und Wasser Das Öl schwimmt auf dem Wasser, weil es eine geringere Dichte hat. Dieselbe Menge Öl wiegt also weniger als dieselbe Menge Wasser. Öl und Wasser sind nicht mischbar.

KV 19 Schattenspiele Ein Schatten entsteht, wenn ein Gegenstand die Lichtstrahlen, die von einer Lichtquelle ausgehen, blockiert. Der Schatten hat dieselbe Form wie der Gegenstand, weil Lichtstrahlen sich geradlinig ausbreiten.

KV 20 Bewegen sich Schatten? Um eine einfache Schattenuhr herzustellen, müsste man einen Tag lang die Lage des Schattens zu jeder vollen Stunde einzeichnen.

KV 21 Der Wetterbericht Lassen Sie die Klasse jeden Tag zur selben Uhrzeit das Wetter aufzeichnen. Fügen Sie bei Bedarf weitere Wettersymbole hinzu (z. B. wenn es schneien könnte). Sie können dieses Experiment auch auf eine zweite Woche ausdehnen, in der die Kinder jeweils das Wetter des nächsten Tages vorhersagen und dann ihre Vorhersage sowie das tatsächlich eintretende Wetter aufzeichnen. Können die Kinder Regelmäßigkeiten erkennen?

KV 22 Haltet die Erde! Aus zwei Gründen wird aus der mit Gras bewachsenen Form weniger Erde gespült: Das Gras bremst den Fluss des Wassers und die Graswurzeln halten die Erde. Wird Erde durch Wind oder Wasser abgetragen, spricht man von Erosion. Die durch Abholzung bedingte Erosion stellt in vielen Landstrichen ein großes Problem dar.

KV 23 Das verschwindende Wasser Die Moleküle an der Oberfläche des Wassers absorbieren Energie aus der Luft und steigen als Wasserdampf auf. Ist das Wasserglas verschlossen, kann der Wasserdampf nicht in die Atmosphäre entweichen. Er kondensiert, wenn er auf die kühle Oberfläche des Deckels trifft, und wird so wieder zu flüssigem Wasser. Ist das Glas nicht verschlossen, kann der Wasserdampf entweichen und der Wasserpegel im Glas sinkt. Dasselbe passiert mit Seen und Teichen im Sommer, wenn das verdunstete Wasser nicht durch Regen wieder zugeführt wird.

KV 24 Tropf, tropf, tropf! Wassermoleküle ziehen sich gegenseitig an. Treffen mehrere Wassertropfen aufeinander, verbinden sie sich zu einem größeren Tropfen. Dasselbe passiert in den Wolken, wo sich winzige Wassertröpfchen zu größeren und schwereren Tropfen verbinden, die dann als Regen auf die Erde fallen.

KV 25 Mein Experiment Achten Sie darauf, dass die Schüler und Schülerinnen mit einer klaren und einfachen Fragestellung beginnen. Die Fragestellung „Was ich glaube, was passieren wird" führt zur Hypothese, während die Fragen „Was ich brauche" und „Wie ich vorgehen werde" die Methode beschreiben. Besprechen Sie mit Ihren Schülerinnen und Schülern, wie sie ihre Ergebnisse festhalten wollen und wie sie diese der Klasse präsentieren wollen. In der Schlussfolgerung sollte überlegt werden, ob die Ergebnisse die Hypothese bestätigen oder widerlegen und welche Gründe dafür vorliegen. Sollten die gewonnenen Ergebnisse unlogisch oder wenig überzeugend sein, sollte überlegt werden, ob es Sinn macht, das Experiment zu wiederholen. Reden Sie aber vorher mit den Kindern darüber, ob der Versuchsaufbau eventuell verändert werden muss.

KV 26 Datentabelle In dieser praktischen Tabelle können die Ergebnisse der verschiedensten Experimente festgehalten werden. Erarbeiten Sie mit der Klasse die Überschriften für die einzelnen Spalten und Zeilen der Tabelle.

KV 27 Sicherheit im Klassenzimmer Fotokopieren Sie diese Seite und hängen Sie sie gut sichtbar im Klassenzimmer auf. Sprechen Sie mit der Klasse über die einzelnen Punkte. Ermutigen Sie die Kinder sich eigene Sicherheitsregeln zu überlegen, die dann in der Klasse diskutiert und der Liste hinzugefügt werden können.

SCHNELL-
STARTER

Ein gekrümmter Spiegel

Lassen Sie die Kinder in die konvexe (nach außen gekrümmte) Seite eines Löffels schauen. Was können sie sehen? Anschließend soll der Löffel horizontal gehalten werden. Zuletzt sollen die Kinder in die konkave (nach innen gekrümmte) Seite des Löffels schauen.
Ein flacher Spiegel reflektiert das Licht gerade zurück in unser Auge. Da der Löffel gebogen ist, muss das Licht verschieden weite Wege zurücklegen. Was wir sehen, ist verzerrt, oder, wenn der Spiegel konkav gekrümmt ist, verkehrt herum.

Das magische Ei

Fetten Sie den Hals einer Flasche mit Margarine ein. Danach zünden Sie ein kleines, zusammengeknülltes Stück Papier an und werfen es in die Flasche. Legen Sie schnell ein geschältes, hart gekochtes Ei auf den Flaschenhals (die Flaschenöffnung sollte nur etwas schmaler als das Ei sein).
Das brennende Papier verbraucht den Sauerstoff in der Flasche, so dass in der Flasche ein Unterdruck entsteht und das Ei durch den Hals in die Flasche gezogen wird.

Farbgespenster sehen!

Die Kinder sollen zuerst ein 10 cm^2 großes Viereck grün ausmalen. Lassen Sie sie dann das Viereck etwa eine Minute lang intensiv anschauen, bevor sie ihre Augen auf eine weiße Wand richten. Was können sie sehen?
Die farbempfindlichen Sinneszellen in der Netzhaut des Auges, die sog. Zapfen, können rot, blau und grün wahrnehmen. Schaut man über eine längere Zeit auf etwas Grünes, ermüden die Zapfen, mit deren Hilfe man grün sieht, so dass man eine Mischung aus blau und rot sieht, wenn man wieder wegschaut.

Magnete selbst herstellen

Zuerst sollen die Kinder eine Nadel an Eisenspäne halten. Was passiert? Lassen Sie sie dann mit einem Magnetende 30-mal in derselben Richtung langsam über die Nadel streichen. Was passiert, wenn die Nadel jetzt an die Eisenspäne gehalten wird?
Die Nadel wird magnetisiert, weil sich durch das Streichen mit dem Magneten alle Elementarmagneten in der Nadel gleich ausrichten.

Elektrische Zitronen

Die Kinder sollen zuerst die Isolierung von den Enden eines Kupferkabels entfernen. Dann wird das eine Ende des Kabels in eine Zitrone gesteckt. Danach wird eine gerade gebogene Büroklammer ebenfalls in die Zitrone gesteckt. Die Kinder sollen dann gleichzeitig die Enden des Kupferkabels und der Büroklammer an ihre Zunge halten.
Die Zitrone erzeugt in der Reaktion der Säure (Zitronensäure) mit den beiden Metallen elektrische Energie.

Die älteste Schnecke

Diese Aufgabe kann am besten kurz nach einem Regenschauer durchgeführt werden. Gehen Sie mit der Klasse nach draußen und lassen Sie sie nach Schnecken suchen. Nehmen Sie Lupen mit, damit die Kinder die Schnecken genau untersuchen können. Lassen Sie sie die Ringe auf den Schneckenhäusern zählen.
Schnecken sind Weichtiere. Mit zunehmendem Alter erhöht sich auch die Anzahl der Ringe auf dem Schneckenhaus. Wer findet die älteste Schnecke und wer die jüngste? Erklären Sie den Kindern, dass sie vorsichtig mit den Schnecken umgehen und sie nach Möglichkeit nicht hochheben sollen.

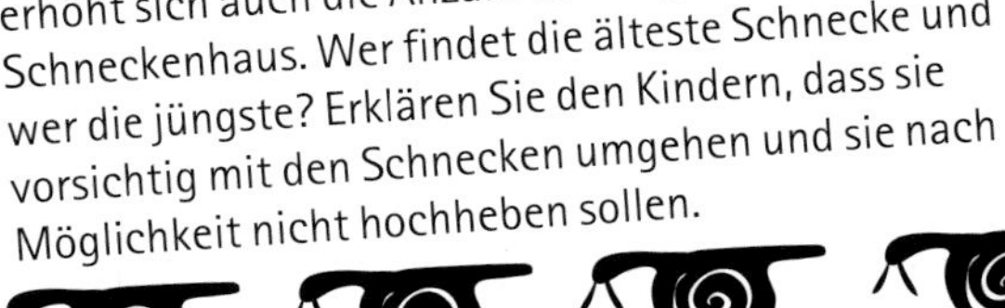

Körperteile raten

Bei diesem Spiel denkt sich ein Kind einen Körperteil aus, den die anderen durch höchstens zwanzig Fragen wie z. B. „Gibt es dich nur einmal?", „Bist du größer als ein Mund?", „Benutze ich dich zum Laufen?" usw. erraten müssen. Das Kind, das die richtige Antwort errät, kann sich den nächsten Körperteil ausdenken.

Welche Pflanze ist das?

Gehen Sie mit der Klasse auf den Schulhof oder einen Spielplatz und lassen Sie die Kinder so viele verschiedene Pflanzen suchen, wie sie finden können. Sie sollen versuchen, die gesammelten Pflanzen zu sortieren. Nach welchen Kriterien können diese Pflanzen in Gruppen eingeteilt werden? Lassen Sie die Kinder nach Gemeinsamkeiten suchen (z. B. Größe, Blattform, Farbe usw.).

Besondere Beziehungen

Diskutieren Sie mit der Klasse über die Beziehungen der Lebewesen untereinander. Manchmal profitieren zwei Lebewesen voneinander (z. B. Bienen, die Pflanzen bestäuben), manchmal beutet ein Lebewesen ein anderes aus (z. B. Parasiten) und manchmal dient ein Lebewesen einem anderen als Nahrung. Lassen Sie die Klasse möglichst viele solcher Beziehungen finden. Die Kinder können diese dann paarweise darstellen. Kann der Rest der Klasse erraten, welche Beziehung dargestellt wird?

Das wunderbare Netz

Bei diesem Spiel denkt sich ein Kind ein Lebewesen aus – z. B. „Ich bin eine Kuh." –, das es vor der Klasse darstellt. Das nächste Kind muss sich jetzt ein anderes Lebewesen ausdenken und darstellen, das mit dem ersten in Beziehung steht – z. B. „Ich bin das Gras, das die Kuh frisst." – „Ich bin der Mensch, der die Kuh melkt." – „Ich bin der Hund, der bei dem Menschen lebt." – „Ich bin der Floh, der auf dem Hund lebt." usw. Kann die ganze Klasse ein einziges großes Beziehungsnetz darstellen?

Stoffe und ihre Eigenschaften

Die magische Substanz

Weizenmehl löst sich nicht in Wasser auf, sondern bildet eine Suspension (feinste Verteilung sehr kleiner Teilchen eines festen Stoffes in einer Flüssigkeit, so dass sie darin schweben) mit interessanten Eigenschaften. Vermischen Sie Weizenmehl und Wasser so, dass Sie eine klumpige Flüssigkeit erhalten. Geben Sie den Kindern eine Portion dieser Mixtur in einer Tasse und bitten Sie sie, ihre Eigenschaften zu untersuchen. Ist es eine Flüssigkeit? Was passiert, wenn man es ausgießt? Was passiert, wenn man es verrührt? Sollte die Mixtur zu trocken werden, geben Sie Wasser hinzu.

Welches Lebensmittel ist das?

Präsentieren Sie der Klasse eine Auswahl von Lebensmitteln, die eine Eigenschaft gemeinsam haben. Die Lebensmittel könnten beispielsweise alle die gleiche Farbe (Orangen, Karotten, Kürbisse) oder die gleiche Konsistenz (Birnen, Äpfel, Kartoffeln) haben. Die Kinder sollen erarbeiten, wie sie die einzelnen Lebensmittel voneinander unterscheiden können. Welche Sinne werden dabei benutzt? Lassen Sie die Kinder dieselbe Aufgabe wiederholen, nur diesmal mit verbundenen Augen oder mit zugehaltener Nase.

Der Barfuß-Test

Legen Sie verschiedene Materialien (wie z. B. ein Stück Teppich, eine Fußmatte, ein Stück Linoleum, Laminat, Kieselsteine oder Sand) in einer Reihe auf dem Fußboden aus. Lassen Sie die Kinder zunächst mit Schuhen, dann barfuß darüber laufen. Fragen Sie, was sie dabei verspüren. Welches Material eignet sich am besten zum Schuhe abputzen? Welches ist am leichtesten zu reinigen? Welches fühlt sich barfuß am angenehmsten an? Welches eignet sich am besten als Fußbodenbelag?

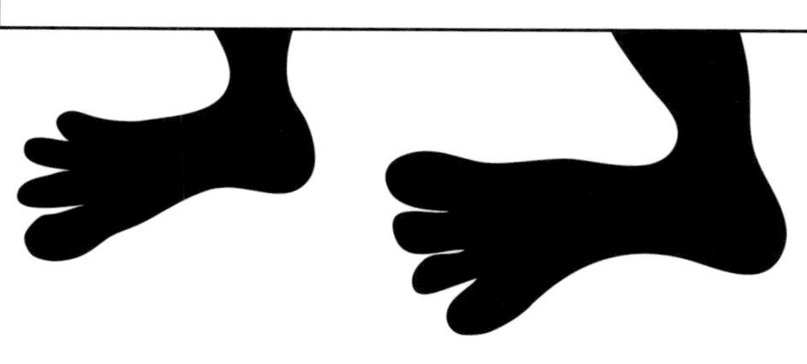

Genau hingeschaut

Lassen Sie die Kinder ein 2,5 cm^2 großes Loch in ein Stück Papier oder Pappe schneiden. Dieser Rahmen ist hilfreich, wenn man etwas, wie beispielsweise die Oberflächenstruktur verschiedener Materialien, genauer untersuchen will.

Kristalle

Zeigen Sie der Klasse verschiedene Materialien, die aus Kristallen bestehen, wie z. B. Zucker, Salz oder Sand. Lassen Sie die Kinder die Kristalle mit einer Lupe untersuchen. Welche Unterschiede in der Größe oder Form können sie entdecken? Welche Eigenschaften haben die Materialien in Verbindung mit Wasser oder wenn man sie von einer Hand in die andere rinnen lässt?

Klebriges Salz

Für dieses Experiment braucht jedes Kind zwei Untertassen, schwarzes Papier und Salz. Die Kinder sollen die Untertassen mit dem Papier auslegen und dann mit etwas Salz bestreuen. Was passiert, wenn man einige Minuten auf eine der beiden Untertassen atmet? Der Wasserdampf in unserem Atem verklebt die Salzkristalle. Ist die Luftfeuchtigkeit sehr hoch, kann auch das Salz im Salzstreuer verkleben.

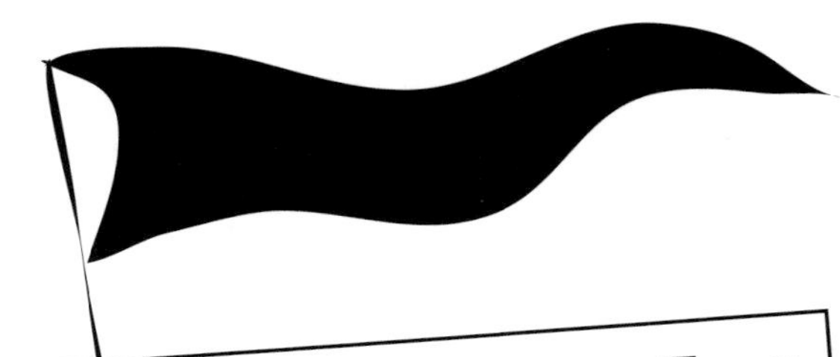

Ein windiger Tag

Wie windig ist es? Woran können wir erkennen, wie stark der Wind bläst? (z. B. an fliegenden Blättern, aufgewirbeltem Staub, sich biegenden Bäumen usw.) Erklären Sie den Kindern, wie ein Windsack funktioniert und wie man damit die Windstärke messen kann. Eignen sich auch andere Materialien zur Windmessung, wie z. B. Papier, Stoff oder eine Socke? Befestigen Sie verschiedene Materialien an einem Zaun und lassen Sie die Kinder an verschiedenen Tagen die Bedingungen untersuchen, bei denen sich die Materialien vom Wind bewegen lassen. Die Kinder können sich eigene Bezeichnungen für verschiedene Windstärken ausdenken, z. B. „Papier bewegende Brise" oder „Socken wedelnder Windstoß".

Wie lang ist ein Schatten?

Für diese Übung brauchen Sie einen sonnigen Tag. Bitten Sie die Kinder, sich einen Partner oder eine Partnerin zu suchen. Die Kinder sollen gegenseitig mit Kreide die Stelle markieren, wo sie stehen (z. B. auf dem Schulhof) und die Stelle, wo ihr Schatten endet. Wiederholen Sie das Ganze stündlich, wobei die Kinder immer an derselben Stelle stehen müssen. Wie verändert sich der Schatten?

Temperaturen

Stellen Sie vier Schüsseln mit Wasser mit verschiedenen Temperaturen auf. Lassen Sie die Kinder die Temperatur des Wassers zuerst mit dem Finger testen. Messen Sie dann die Temperatur mit einem Thermometer. Wie regiert die Temperatursäule? Wenn die Kinder dann mit dem Thermometer vertraut sind, können Sie sie ab und zu verschiedene Temperaturen schätzen und dann überprüfen lassen.

Wettervorhersagen

Die Kinder sollen eine Woche lang jeweils um dieselbe Uhrzeit das Wetter beschreiben und dokumentieren. Danach soll das Wetter des folgenden Tages vorhergesagt werden. Dabei sollten die Wetteraufzeichnungen der letzten Woche, die Jahreszeit sowie besondere Anzeichen (z. B. schwarze Gewitterwolken, Vogelflug usw.) in Betracht gezogen werden. Können die Kinder bestimmte Regelmäßigkeiten erkennen?

MATERIALIEN FÜR DIE INDIVIDUELLE PLANUNG

NAME

Mache deinen eigenen Regenbogen!

Du brauchst:

- einen durchsichtigen Plastikbecher
- Leitungswasser
- eine sonnige Fensterbank
- Bunt- oder Filzstifte

So gehst du vor:

1. Fülle etwas Wasser in den Becher.
2. Stelle den Becher so auf die Fensterbank, dass die Sonne hindurchscheint.
3. Lege dieses Blatt dort auf den Boden, wo die Sonne hinfällt. Male deinen Regenbogen, indem du jeden Teil des Regenbogens in der entsprechenden Farbe ausmalst.

Die Farben des Sonnenuntergangs

Du brauchst:

- ein durchsichtiges Wasserglas
- eine weiße Wand
- Taschenlampe
- Wasser
- 1 Esslöffel Magermilch
- Löffel

So gehst du vor:

1. Fülle Wasser in das Glas. Lasse etwa 5 cm im Glas leer.
2. Stelle das Glas vor die weiße Wand.
3. Leuchte mit der Taschenlampe durch das Wasser auf die Wand. Was siehst du?

___

4. Rühre die Milch in das Wasser.
5. Leuchte mit der Taschenlampe durch das milchige Wasser. Was siehst du jetzt?

___

___

___

Was glaubst du, warum das passiert?

___

___

___

NAME

Die große Schmelze

Du brauchst:

- 2 Eiswürfel
- ein Stück weiße Plastikfolie (zum Beispiel aus einer Plastiktüte ausgeschnitten)
- ein Stück schwarze Plastikfolie
- einen sonnigen Tag

So gehst du vor:

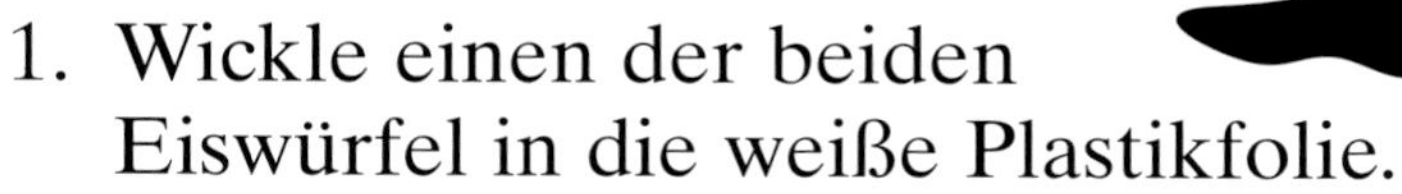

1. Wickle einen der beiden Eiswürfel in die weiße Plastikfolie.
2. Wickle den anderen Eiswürfel in die schwarze Plastikfolie.

3. Lege beide eingewickelten Eiswürfel in die Sonne.
4. Siehe alle zwei Minuten nach den Eiswürfeln. Schreibe auf, was du beobachtest.

Zeit (in Minuten)	Eiswürfel in der weißen Plastikfolie	Eiswürfel in der schwarzen Plastikfolie
2		
4		
6		
8		
10		

Wie erklärst du dir, was passiert ist?

___

___

NAME

Gummiband-Rockmusik

Du brauchst:

- einen leeren Kosmetiktuchspender
- 3 Gummibänder
- 2 etwa 12 cm lange Holzstöcke

So gehst du vor:

1. Spanne die Gummibänder längs um den Kosmetiktuchspender. Achte darauf, dass die Gummibänder über das Loch der Schachtel gespannt sind.
2. Stecke die Holzstöcke an den Enden der Schachtel quer unter die Gummibänder.
3. Zupfe mit den Fingern an den Gummibändern. Was passiert?

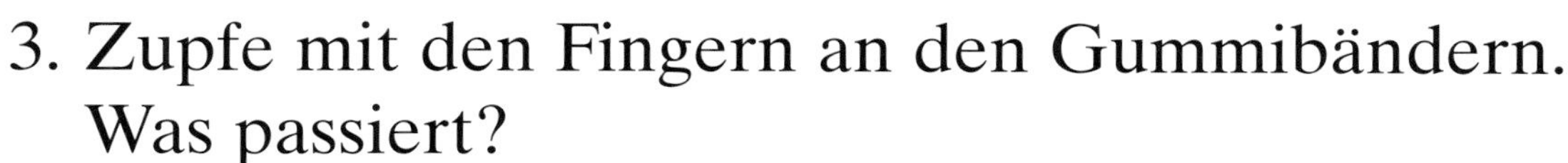

Drücke mit einem Finger auf die Gummibänder, während du mit der anderen Hand weiterzupfst. Was passiert jetzt?

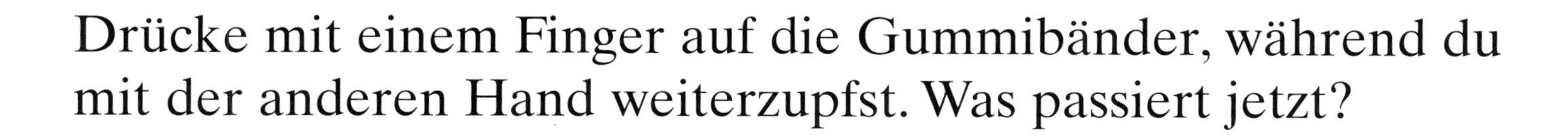

Kannst du eine Melodie auf deinem Gummiband-Instrument spielen?

NAME

Erstaunliche Magnete

Du brauchst:

- 2 Stabmagnete
- eine halbe Tasse hellen Sirup
- 1 Esslöffel voll Eisenspäne
- durchsichtige Schüssel aus Glas oder Plastik

So gehst du vor:

1. Schütte die Eisenspäne in die Tasse mit dem Sirup. Rühre gut um, damit die Späne sich verteilen.
2. Gieße die Mischung in die Schüssel.
3. Lege die beiden Magnete nicht zu nah aneinander auf den Tisch. Die sich abstoßenden Enden müssen zueinander weisen.
4. Stelle die Schüssel vorsichtig auf die Magnete.
5. Beobachte, was passiert, und zeichne es auf dem Blatt ein.

Warum, glaubst du, ist das passiert?

NAME

Luftballon-Olympiade

Denke dir möglichst viele verschiedene Arten aus, wie du einen Luftballon bewegen kannst. Schreibe deine Ideen auf. Der Luftballon kann aufgeblasen oder platt sein.

1. ______________________________
2. ______________________________
3. ______________________________
4. ______________________________
5. ______________________________
6. ______________________________

Auf welche Art kannst du den Luftballon am weitesten fortbewegen?

____

Warum ist das so?

____

____

____

NAME

Ist es lebendig?

Suche dir für deine Untersuchung drei verschiedene Objekte aus. Du könntest zum Beispiel einen Klassenkameraden, ein Lineal und eine Topfpflanze auswählen. Beobachte die Objekte, die du dir ausgesucht hast, und beantworte dann die Fragen. Schreibe deine Antworten in die Tabelle.

Name des Objektes			
Bewegt es sich?			
Wächst es?			
Isst es?			
Pflanzt es sich fort?			
Ist es lebendig?			

NAME

Der durstige Stangensellerie

Du brauchst:

- 1 Stange Sellerie mit Blättern
- 2 hohe Töpfe
- Wasser
- rote Lebensmittelfarbe
- blaue Lebensmittelfarbe

So gehst du vor:

1. Gieße eine halbe Tasse Wasser in jeden Topf.
2. Gib einen Teelöffel rote Lebensmittelfarbe in den einen und einen Teelöffel blaue Lebensmittelfarbe in den anderen Topf.
3. Bitte deine Lehrerin oder deinen Lehrer, den Stängel von deinem Stangensellerie von unten bis knapp unter die Blätter aufzuschneiden.
4. Stelle die eine Hälfte von dem Stängel in den Topf mit der blauen, die andere Hälfte in den mit der roten Farbe.
5. Lass das Ganze über Nacht stehen.

Male ein Bild von dem, was passiert ist.

Was glaubst du, warum das passiert ist?

NAME

Ein Platz an der Sonne

Du brauchst:

- 2 gleiche Topfpflanzen
- Wasser

So gehst du vor:

1. Stelle die eine Pflanze in einen Schrank oder eine verschließbare Kiste.
2. Stelle die andere Pflanze an einen sonnigen Platz.
3. Gieße beide Pflanzen, wenn sich die Erde trocken anfühlt.
4. Schaue dir die beiden Pflanzen nach einer Woche an. Was kannst du beobachten? Trage deine Ergebnisse in die Tabelle ein.

	Pflanze an dunklem Stellplatz	Pflanze an sonnigem Stellplatz
Größe		
Farbe		
Blätter		
Stängel		

Stelle jetzt beide Pflanzen an den sonnigen Platz. Wie lange dauert es, bis beide Pflanzen gesund aussehen? ____________

NAME

Brauchen Samen Wasser zum Auskeimen?

Du brauchst:

- 2 tiefe Untertassen
- getrocknete Bohnen
- Papiertücher
- Wasser

So gehst du vor:

1. Lege die Untertassen mit Papiertüchern aus.
2. Befeuchte das Papiertuch auf einer der beiden Untertassen mit Wasser, das auf der anderen lässt du trocken.
3. Lege einige getrocknete Bohnen auf die Papiertücher.
4. Stelle die Untertassen für eine Woche an einen warmen und dunklen Platz. Was passiert? Warum?

Sollten einige der Bohnen kleine Keime und Wurzeln haben, stelle die Untertasse an einen hellen Platz. Schaue jeden Tag nach den Bohnen und beobachte, was passiert!

NAME

Ist es ein Insekt?

Finde ein Krabbeltier auf dem Spielplatz oder auf dem Schulhof und zeichne es hier.

Ist der Rumpf dreigeteilt? Nein ☐ Ja ☐

Hat es sechs Beine? Nein ☐ Ja ☐

Wenn deine Antwort auf beide Fragen „Ja" ist, ist dein Krabbeltier ein Insekt!

Um welches Tier handelt es sich, wenn der Rumpf zweigeteilt ist und es acht Beine hat? ______________________

NAME

Ameisen-Picknick

Das brauchst du:

- Pappteller
- Filzstift
- verschiedene Lebensmittel

So gehst du vor:

1. Teile den Pappteller mit dem Filzstift in sechs Abschnitte ein.
2. Lege ein Lebensmittel in jeweils eine Abteilung des Papptellers.

Was glaubst du, welches Lebensmittel die Ameisen am liebsten mögen? Warum?

3. Stelle den Teller nach draußen und lass ihn dort ein paar Stunden lang stehen.
4. Schaue nach ein paar Stunden nochmal nach dem Teller. Was ist passiert?

Lebensmittel	Das mögen Ameisen:	Das mögen Ameisen nicht:

Welches Lebensmittel mögen Ameisen am liebsten?
Warum, glaubst du, ist das so?

NAME

Sprudelnde Steine

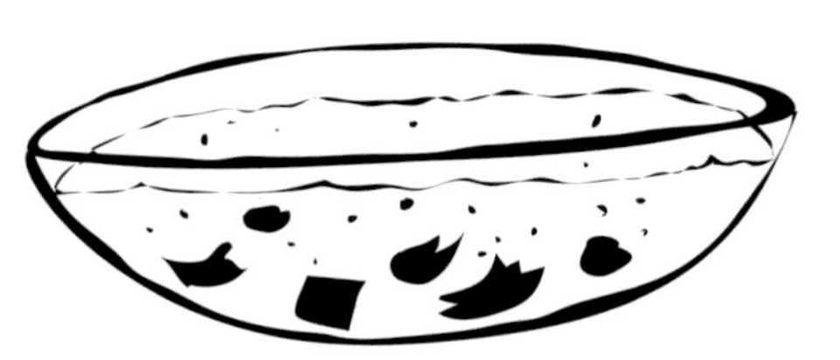

Du brauchst:

- Glasschüssel
- Essig
- verschiedene Steine, einige Stückchen Eierschale

So gehst du vor:

1. Gieße etwas Essig in die Schüssel.
2. Lege deine verschiedenen Gegenstände nacheinander in die Schüssel. Beobachte, was passiert.

Gegenstand	*Das ist passiert:*

Was glaubst du, warum das passiert?

____

____

____

NAME

Der Geschmackstest

Du brauchst:

- zwei Testpersonen
- jeweils 4 kleine Stückchen Apfel, Birne und Kartoffel
- Augenbinden

So gehst du vor:

1. Verbinde den Testpersonen die Augen.
2. Lege den Testpersonen jeweils ein Stückchen Apfel in den Mund. Wenn sie schmecken können, was sie im Mund haben, trage ein Häkchen in die Tabelle ein. Wenn sie nicht erkennen können, was sie im Mund haben, trage ein Kreuzchen in die Tabelle ein. Wiederhole das Ganze mit der Kartoffel und mit der Birne.
3. Wiederhole das Ganze, aber jetzt müssen sich die Testpersonen die Nase zuhalten.
4. Tauscht die Plätze.

	Apfel	Kartoffel	Birne
erste Testperson			
mit zugehaltener Nase			
zweite Testperson			
mit zugehaltener Nase			

Wie kannst du dir die Ergebnisse erklären?

NAME

Saugt es Wasser auf?

Du brauchst:
- eine leere Eierschachtel
- Pipette
- Wasser
- kleine Stückchen aus verschiedenen Materialien

So gehst du vor:
1. Lege die Materialien einzeln in die Fächer der Eierschachtel.
2. Lasse mit der Pipette ein paar Tropfen Wasser auf die verschiedenen Materialien fallen. Beobachte, was passiert.

Welches Material saugt Wasser auf?

____

____

Welches Material saugt kein Wasser auf?

____

____

Welches Material würdest du benutzen, um eine Flüssigkeit vom Küchenboden aufzuwischen?

____

Aus welchem Material würdest du einen Regenmantel machen?

____

NAME

Wachsende Kristalle

Du brauchst:

- Glas
- Zucker
- heißes Wasser
- Schnur
- Bleistift

So gehst du vor:

1. Gib einen Teelöffel Zucker in das Wasserglas. Rühre so lange um, bis der Zucker sich ganz im Wasser aufgelöst hat.
2. Gib so lange Zucker in das Wasser, bis er sich nicht mehr auflöst, egal, wie lange du rührst.
3. Wickle das eine Ende der Schnur um den Bleistift und verknote es.
4. Tauche die Schnur in das Wasser. Lege den Bleistift quer auf das Glas.
5. Stelle das Glas an einen sicheren Platz und schaue jeden Tag nach. Was siehst du, wenn das ganze Wasser verschwunden ist?

Was ist passiert?

NAME

Regen machen

Du brauchst:

- einen durchsichtigen Behälter mit Deckel
- 3 oder 4 Eiswürfel
- Wasser

So gehst du vor:

1. Gieße etwas Wasser in den Behälter.
2. Lege den Deckel verkehrt herum auf den Behälter.
3. Lege die Eiswürfel in den Deckel.
4. Beobachte 10 Minuten lang die Unterseite des Deckels. Zeichne auf, was du siehst.

am Anfang	nach 5 Minuten	nach 10 Minuten

Wie kannst du dir das erklären?

NAME

Öl und Wasser

Du brauchst:

- einen fest verschließbaren Behälter
- Wasser
- blaue Lebensmittelfarbe
- Löffel
- Pflanzenöl

So gehst du vor:

1. Fülle $\frac{1}{3}$ des Behälters mit Wasser.
2. Rühre zwei Tropfen Lebensmittelfarbe in das Wasser.
3. Gieße langsam gleich viel Pflanzenöl wie Wasser in den Behälter.
4. Verschließe gut den Behälter.
5. Schüttle kräftig.
6. Lass den Behälter für drei Minuten stehen. Male auf, was du beobachtest.

Warum, glaubst du, ist das passiert?

NAME ____________________

Schattenspiele

Du brauchst:

- Taschenlampe
- einen Gegenstand
- ein etwas abgedunkeltes Zimmer

So gehst du vor:

1. Beleuchte den Gegenstand mit der Taschenlampe.
   Was passiert?

   ____

   ____

   ____

2. Gehe mit der Taschenlampe etwas weiter vom Gegenstand weg und beleuchte ihn wieder. Was passiert?

   ____

   ____

   ____

Was, glaubst du, ist ein Schatten?

____

____

____

NAME

Bewegen sich Schatten?

Du brauchst:

- Bleistift
- Filzstift
- dieses Blatt
- einen sonnigen Tag

So gehst du vor:

1. Drücke das spitze Ende des Bleistifts durch den Punkt in der Mitte des Kreises.
2. Drücke jetzt den Bleistift an einer sonnigen Stelle in die Erde.
3. Markiere mit dem Filzstift die Stelle, an welcher der Schatten des Bleistifts auf das Blatt fällt. Schreibe die Uhrzeit daneben.
4. Markiere den Schatten nach einer Stunde noch einmal. Hat er sich bewegt?

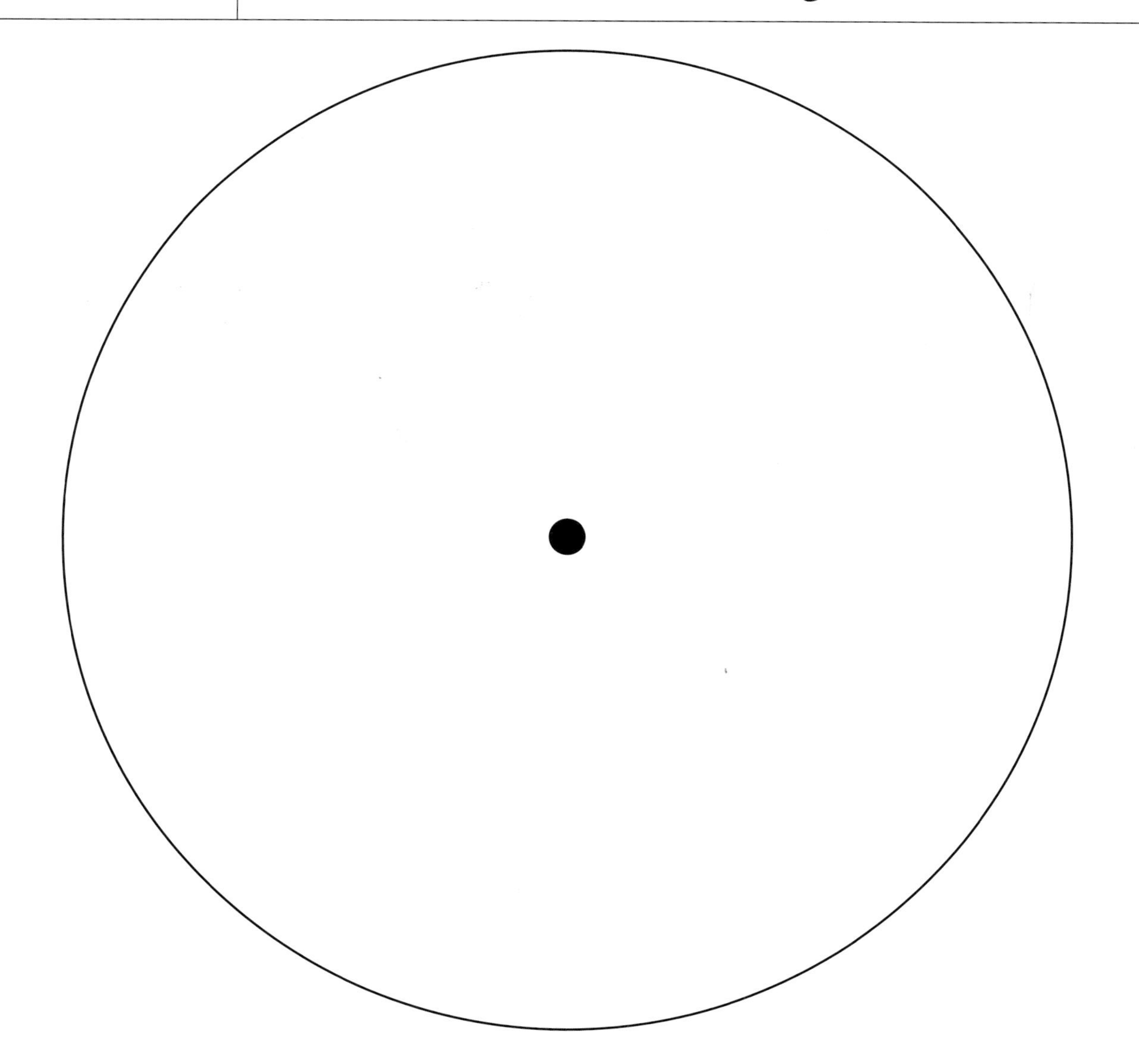

NAME

Der Wetterbericht

Denke dir Symbole für verschiedenes Wetter aus und zeichne sie in die Kästchen.

sonnig	**regnerisch**	**wolkig**	**windig**

Zeichne das Wetter von Montag bis Donnerstag mit deinen Symbolen auf. Du kannst dabei auch mehrere für einen Tag benutzen. Versuche dann das Wetter am Freitag vorherzusagen.

Montag	
Dienstag	
Mittwoch	
Donnerstag	
Meine Vorhersage für Freitag:	

NAME

Haltet die Erde!

Du brauchst:

- 2 flache, eckige Kuchenformen
- Blumenerde
- Grassamen
- Holzblöcke
- Wasser
- Gießkanne

So gehst du vor:

1. Fülle die Formen mit Blumenerde.
2. Pflanze die Grassamen in eine der Formen.
3. Begieße die Erde in beiden Formen gleichmäßig mit Wasser.
4. Stelle die Form mit den Grassamen an einen sonnigen Platz und gieße sie mehrere Tage lang regelmäßig.
5. Wenn das Gras ungefähr 2 cm hoch ist, stelle jeweils das eine Ende der Formen auf die Holzblöcke, so dass sie schräg stehen.
6. Gieße Wasser mit der Gießkanne jeweils in das obere Ende beider Formen. Was passiert?

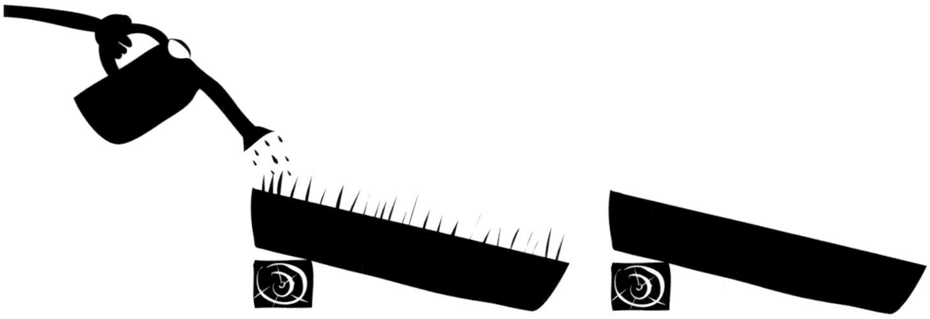

Form mit Gras: ______________________________

Form ohne Gras: ______________________________

Was glaubst du, warum das passiert?

____

____

NAME

Das verschwindende Wasser

Du brauchst:

- 2 Gläser
- Deckel für ein Glas
- Wasser
- helles Kreppband
- Filzstift

So gehst du vor:

1. Klebe einen Streifen Klebeband längs an beide Gläser.
2. Gieße die Gläser zur Hälfte mit Wasser voll.
3. Markiere mit dem Filzstift den Wasserstand auf dem Kreppband.
4. Lege den Deckel auf eines der beiden Gläser.
5. Lass die Gläser eine Woche lang stehen. Markiere die neuen Wasserstände.
6. Lass die Gläser noch eine Woche lang stehen und markiere erneut die Wasserstände.

Was ist passiert?

____

____

Was glaubst du, warum das passiert ist?

____

____

____

NAME

Tropf, tropf, tropf!

Du brauchst:

- durchsichtigen Plastikdeckel
- Wasser
- sehr feine Pipette
- Bleistift

So gehst du vor:

1. Fülle die Pipette mit Wasser.
2. Lass mit der Pipette so viele kleine Tropfen auf den Deckel fallen, wie darauf passen.
3. Drehe den Deckel schnell um.
4. Führe mit der Bleistiftspitze die Tropfen zusammen.

Was passiert? Warum?

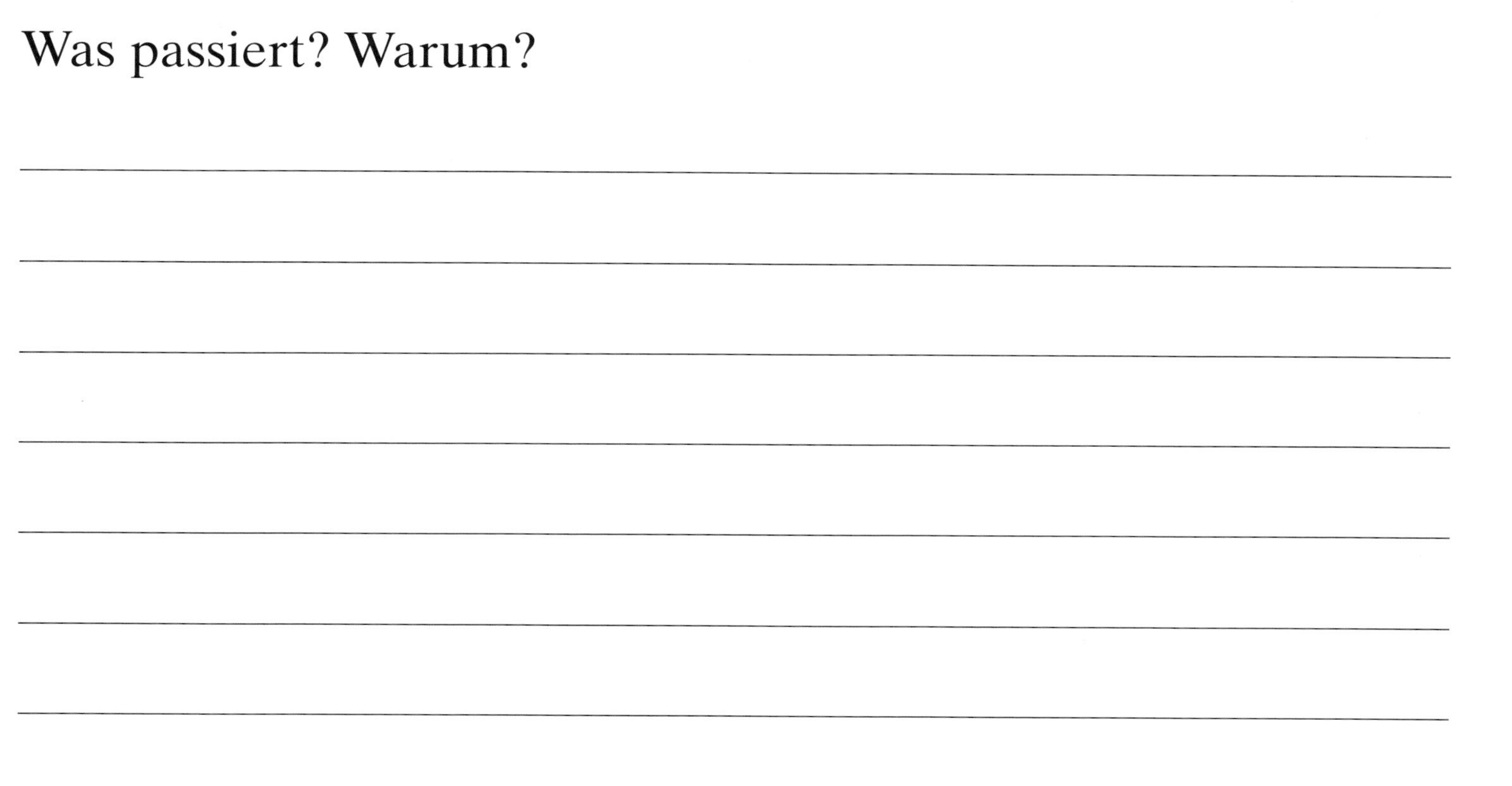

NAME

Mein Experiment

Meine Frage: ______________________________

____

Was ich glaube, was passieren wird: ______________________________

____

Was ich brauche: ______________________________

____

Wie ich vorgehen werde: ______________________________

____

Die Ergebnisse:

Meine Schlussfolgerung: ______________________________

____

NAME

Datentabelle

Sicherheit im Klassenzimmer

Nichts anfassen, probieren oder an etwas riechen, bevor die Lehrerin oder der Lehrer es erlaubt!

Bitte um Hilfe, wenn du etwas schneiden musst!

Bitte um Hilfe, wenn du etwas erhitzen musst!

Räume immer alles wieder auf und mache den Arbeitsplatz sauber, wenn du fertig bist!

SCHRITT
FÜR SCHRITT

Durch welche Materialien scheint Licht hindurch?

Du brauchst: verschiedene Materialien zum Testen, eine Lichtquelle

Das solltest du beachten: Probiere so viele Materialien aus wie möglich. Kannst du dir eine Maßeinteilung ausdenken, womit du beurteilen kannst, wie viel Licht durch die einzelnen Materialien durchscheint?

Tipps für die Präsentation: Du könntest Proben deiner Materialien auf ein Poster pinnen und sie der Klasse zeigen. Vielleicht ist es sinnvoll vorzuführen, wie du das Experiment durchgeführt hast, damit andere deine Ergebnisse überprüfen können.

Hast du in deiner Präsentation die folgenden Dinge erklärt?

die Fragestellung ❑ die Materialien, die du gebraucht hast ❑

wie du vorgegangen bist ❑ deine Ergebnisse ❑ deine Schlussfolgerung ❑

Sicherheitsvorkehrungen: Halte die Materialien nicht zwischen dich und die Lichtquelle – du könntest deine Augen verletzen. Die Lichtquelle sollte immer von dir weg an eine Wand strahlen.

Was kannst du in einen Magnet verwandeln?

Finde zuerst heraus, wie du mit einem Magneten andere Gegenstände magnetisieren kannst.

Du brauchst: verschiedene Gegenstände zum Testen, Magnet, Eisenspäne

Das solltest du beachten: Magnete sind immer aus Metall. Du solltest also verschiedene Gegenstände aus Metall testen. Wie kannst du überprüfen, ob dein Testgegenstand zum Magneten geworden ist?

Tipps für die Präsentation: Stelle dir vor, du würdest deine Ergebnisse in einer wissenschaftlichen Fernsehsendung für Kinder vorführen.

Hast du in deiner Präsentation die folgenden Dinge geklärt?

die Fragestellung ❑ die Materialien, die du gebraucht hast ❑

wie du vorgegangen bist ❑ deine Ergebnisse ❑ deine Schlussfolgerung ❑

Auf welchem Teil der Zunge kannst du Salziges schmecken?

Du brauchst: Testpersonen, Salz, Wasser

Das solltest du beachten: An wie vielen Personen willst du den Test durchführen? Womit willst du das Salzwasser auf die Zunge geben? Wie salzig soll das Wasser sein? (Es sollte bei jeder Testperson gleich salzig sein.) Welche Teile der Zunge willst du testen?

Wie du deine Ergebnisse aufzeichnen kannst: Du könntest eine Zunge aufmalen und darauf eintragen, wo die einzelnen Testpersonen das Salzwasser am besten schmecken können. Du könntest dir auch Bezeichnungen für die einzelnen Teile der Zunge ausdenken (z. B. vorne, hinten, in der Mitte, an der Seite) und dann aufschreiben, auf welchem Teil die Testpersonen das Salzwasser geschmeckt haben.

Tipps für die Präsentation: Du könntest eine große Zunge an die Tafel malen und darauf eintragen, wo die Testpersonen das Salzwasser am besten schmecken konnten. Benutze verschiedenfarbige Kreide für jede Testperson.

Hast du in deiner Präsentation die folgenden Dinge erklärt?

die Fragestellung ☐ die Materialien, die du gebraucht hast ☐

wie du vorgegangen bist ☐ deine Ergebnisse ☐ deine Schlussfolgerung ☐

Sicherheitsvorkehrungen: Achte darauf, dass alle Materialien, die du benutzt, sauber sind.

Was braucht Brotschimmel zum Wachsen?

Du brauchst: Brot, durchsichtige Plastiktüten, Wasser, verschließbaren Behälter

Das solltest du beachten: Was brauchen Lebewesen normalerweise zum Wachsen? Braucht Brotschimmel Luft zum Wachsen? Braucht er Licht? Braucht er Wasser?

Tipps für die Präsentation: Du könntest die Brotstücke, mit denen du das Experiment durchgeführt hast, als Teil deiner Präsentation vorzeigen. Verschließe sie dafür aber gut in durchsichtigen Plastiktüten.

Hast du in deiner Präsentation die folgenden Dinge erklärt?

die Fragestellung ☐ die Materialien, die du gebraucht hast ☐

wie du vorgegangen bist ☐ deine Ergebnisse ☐ deine Schlussfolgerung ☐

Sicherheitsvorkehrungen: Wirf das verschimmelte Brot unbedingt nach deiner Präsentation in den Müll!

Wie tief muss eine Wasserbombe fallen, damit sie platzt?

Du brauchst: Luftballons; Wasser; einen sicheren Platz, von dem aus du die Wasserbomben aus verschiedenen Höhen fallen lassen kannst (auf jeden Fall draußen, z. B. auf einer Treppe)

Das solltest du beachten: Welche Art Luftballons willst du benutzen? (Sie sollten alle dieselbe Größe haben.) Wie viele Versuche willst du durchführen? Wie viel Wasser willst du in die Luftballons füllen? Aus welchen verschiedenen Höhen willst du sie fallen lassen? Wie willst du die Höhe messen oder schätzen, aus der du sie fallen lässt? Wie kannst du selbst trocken bleiben? Musst du das Wasser wieder aufwischen, wenn du fertig bist?

Tipps für die Präsentation: Am besten zeigst du die Ergebnisse deines Experiments als Vorführung. Erkläre den anderen zuerst, wie du dein Experiment durchgeführt hast und warum du es so gemacht hast. Zeige den anderen, was passiert, wenn du die Wasserbomben aus verschiedenen Höhen fallen lässt. Achte darauf, dass deine Zuschauer weit genug weg stehen, damit niemand nass wird!

Hast du in deiner Präsentation die folgenden Dinge erklärt?

die Fragestellung ☐ die Materialien, die du gebraucht hast ☐

wie du vorgegangen bist ☐ deine Ergebnisse ☐ deine Schlussfolgerung ☐

Sicherheitsvorkehrungen: Achte darauf, dass du sicher stehst, bevor du die Wasserbomben fallen lässt.

Stoffe und ihre Eigenschaften

Wie viel Saft ist in einer Orange?

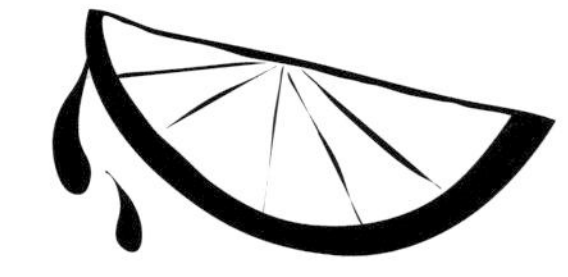

Du brauchst: ungefähr gleich große Orangen

Das solltest du beachten: Wie willst du den Saft aus den Orangen herausbekommen? Wie kannst du erreichen, dass kein Saft verloren geht? Wie willst du die Menge Saft messen, die in der Orange ist?

Tipps für die Präsentation: Du könntest mit einem Säulendiagramm zeigen, wie viel Saft in jeder Orange war. Du könntest auch ausrechnen, wie viel Saft durchschnittlich in den Orangen war. Dafür musst du zusammenrechnen, wie viel Milliliter Saft insgesamt in den Orangen war und diese Zahl dann durch die Anzahl der Orangen, die du benutzt hast, teilen.

Hast du in deiner Präsentation die folgenden Dinge erklärt?

die Fragestellung ☐ die Materialien, die du gebraucht hast ☐

wie du vorgegangen bist ☐ deine Ergebnisse ☐ deine Schlussfolgerung ☐

Sicherheitsvorkehrungen: Bitte einen Erwachsenen, dir beim Schneiden der Orangen zu helfen.